HOUGHTON MIFFLIN HARCOURT

Texas SENDEROS

Autoras

Alma Flor Ada

F. Isabel Campoy

HOUGHTON MIFFLIN HARCOURT
School Publishers

Printed in the U.S.A.

ISBN 10:   0-54-724341-3
ISBN 13:   978-0-54-724341-2

456789 - 0868 – 18 17 16 15 14 13 12 11 10

4500244566

¡Hola, lector!

Estás convirtiéndote en un mejor lector cada día. ¡Bien hecho!

Los cuentos de este libro te llevarán al mar, a la selva y al desierto. Leerás acerca de animales peludos, sigilosos, que tienen escamas, plumas, rayas o manchas. ¡Hasta leerás acerca de las babosas marinas!

¡Prepárate para leer palabras nuevas, visitar lugares nuevos y aprender sobre el mundo que nos rodea!

Atentamente.

Los autores

La naturaleza,
de cerca y de lejos

 Gran idea El mundo es grande y maravilloso.

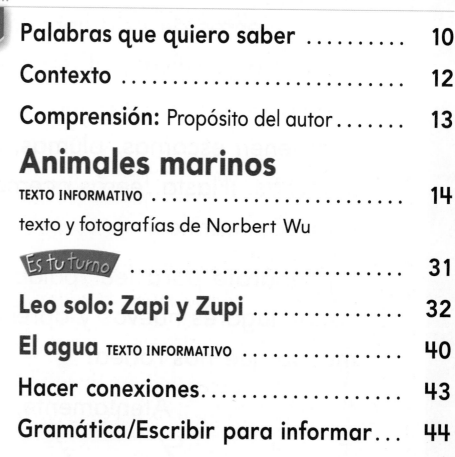

Lección

14

La naturaleza,
de cerca y de lejos

Unidad 3

Gran idea

El mundo es grande y maravilloso.

Selecciones

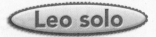

Teatro del lector

agua

frío

mar

azul

color

donde

pequeños

habitan

Librito de vocabulario

Tarjetas de contexto

Palabras que quiero saber

Leamos juntos

● Lee cada Tarjeta de contexto.

● Crea una oración en la que uses una de las palabras en azul.

1

agua

El agua está congelada en este océano.

2

frío

Los tiburones viven en aguas profundas, donde es más frío.

3 mar

Hoy el **mar** está más tranquilo.

4 azul

Estas ballenas nadan en el mar **azul**.

5 color

El calamar cambia de **color** para ocultarse.

6 donde

Estas aves anidan cerca de **donde** hay comida.

7 pequeños

En el mar también viven muchos peces **pequeños**.

8 habitan

Este hombre filma a los animales que **habitan** en el fondo del mar.

Contexto

✓ PALABRAS QUE QUIERO SABER **Animales que viven en el mar**

1. Algunos animales habitan en el agua azul del mar.

2. Otros habitan donde el agua está helada.

3. ¿Cómo son los peces que viven en el agua?

4. Hay peces que cambian de color.

5. Algunos son pequeños.

6. Otros están en las zonas de frío.

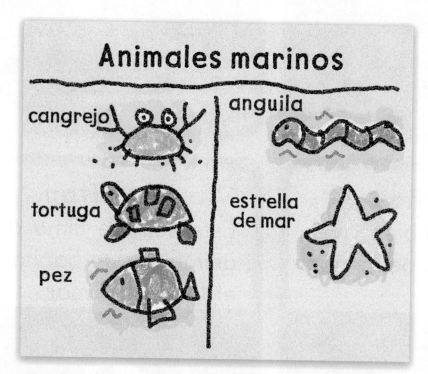

Animales marinos

cangrejo

anguila

tortuga

estrella de mar

pez

Nombra más animales marinos, grandes y pequeños.

Comprensión

✓ DESTREZA CLAVE Propósito del autor

Los autores escriben por muchas razones. Escriben cuentos para hacerte reír. Escriben selecciones de información para ayudarte a aprender algo. Los buenos lectores piensan por qué escribe un autor.

Mientras lees **Animales marinos**, piensa qué quiere decirte el autor.

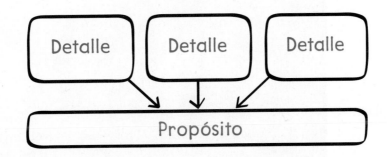

ANIMALES MARINOS

frío	mar
donde	color
azul	pequeños
habitan	agua

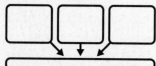
✔ DESTREZA CLAVE

Propósito del autor
Explica por qué un autor escribe un libro.

✔ ESTRATEGIA CLAVE

Analizar/Evaluar Di lo que opinas del texto y por qué.

GÉNERO
Un **texto informativo** ofrece información sobre un tema.

TEKS 1.13 identificar el tópico/explicar el propósito del autor; **CL1F** hacer conexiones con experiencias/textos/la comunidad y discutir evidencia textual

Conoce al autor y fotógrafo

Norbert Wu

El trabajo de Norbert Wu como fotógrafo de la naturaleza es emocionante, pero también peligroso. Una vez, mientras tomaba fotos de animales marinos, fue atacado por un tiburón. En otra ocasión, se quedó atrapado en una cueva submarina. Busca su libro **Fish Faces** (Caras de peces).

ANIMALES MARINOS

texto y fotografías por Norbert Wu

Pregunta esencial

¿Qué inspira a los autores a escribir cuentos?

¿Cómo es la vida en el mar?

Muchas plantas y animales habitan
en el mar.

medusa gigante

Hay animales muy grandes.

peces payasos

Hay animales pequeños.

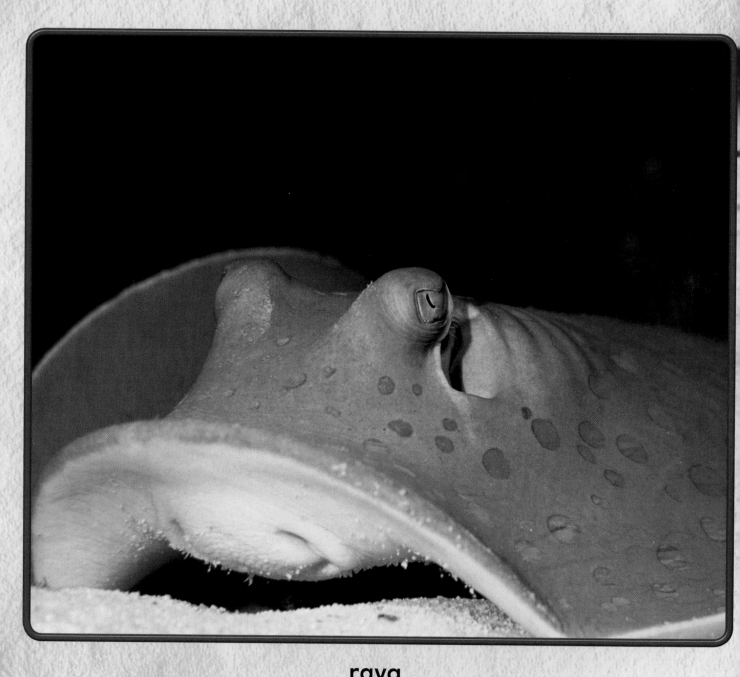

raya

Este pez tiene círculos de color azul.

pez pipa fantasma

Este pez tiene círculos de color rosa.

babosa marina

Hay animales que solo habitan
en el agua. Esta babosa marina
se apoya en una roca.

cangrejo

Otros animales habitan en el agua
y la tierra. Este cangrejo puede
correr y hacer hoyos en la arena.

pingüinos

Los pingüinos habitan donde hace frío. ¡El agua está helada!

leones marinos de California

Estos leones marinos habitan en una
zona cálida. Toman siestas en las rocas.

La tortuga camina muy despacio en tierra. Pero nada muy rápido en el agua.

Con sus aletas se aleja muy
rápido. Puede nadar lejos.

estrella de mar

La estrella de mar no es rápida.
Va pasito a pasito por la arena
o por la roca.

morenas

Hay animales que comen plantas, pero otros comen peces. Esta morena caza con un amigo.

El mar está lleno de animales.
El agua es su casa.

Leamos juntos Es tu turno

1. ¿Cómo te ayudan a aprender las leyendas de las ilustraciones en este cuento?

   ⬭ Dicen dónde viven los animales marinos.

   ⬭ Dicen el nombre de los animales marinos.

   ⬭ Dicen cómo encontrar animales marinos.

   TEKS 1.14B

2. ✔ **DESTREZA CLAVE** **Propósito del autor**

   ¿Por qué se escribió principalmente este cuento? **TEKS** 1.13

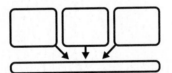

3. **Lenguaje oral** Di a un compañero tres cosas que aprendiste acerca de los animales marinos. Usa las Tarjetas de recuento. **TEKS** 1.14B, 1.14C

Tarjetas de recuento

 TEKS **1.13** identificar el tópico/explicar el propósito del autor; **1.14B** identificar hechos/detalles importantes; **1.14C** volver a contar el orden de los sucesos

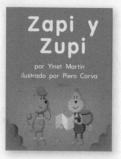

Zapi y Zupi

por Yinet Martín
ilustrado por Piero Corva

✔ **DESTREZA DE FONÉTICA**

Sílabas abiertas con **z**
(**za, zo, zu**) y **h**

✔ **PALABRAS QUE QUIERO SABER**

azul
color
frío

TEKS **1.3B** decodificar sílabas; **1.3E(i)** decodificar palabras en contexto incluyendo sílabas abiertas; **1.3F** decodificar palabras con la "h" muda; **1.3H** decodificar palabras que tengan los mismos sonidos

Zapi y Zupi

por Yinet Martín

ilustrado por Piero Corva

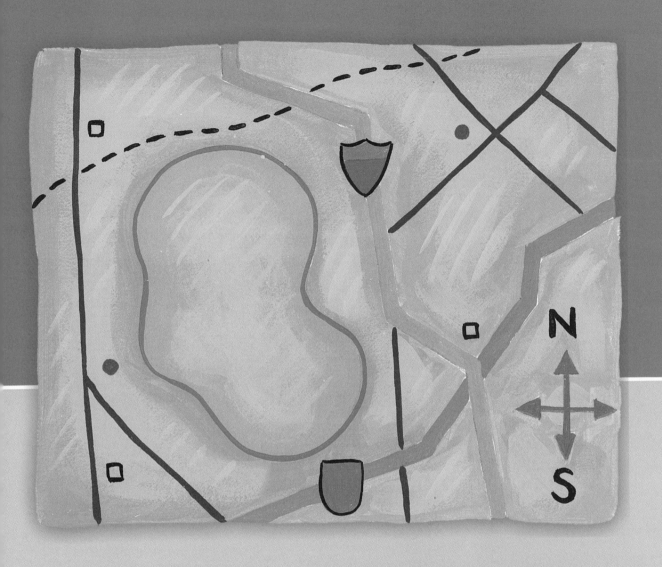

Zapi señala en el mapa.

—Aquí es donde vive Sapo Hugo

—le dice a Zupi.

Zapi trajo zanahorias para
el camino.

—Si nos da calor, nos
podemos zambullir en el
río —le dice Zupi.

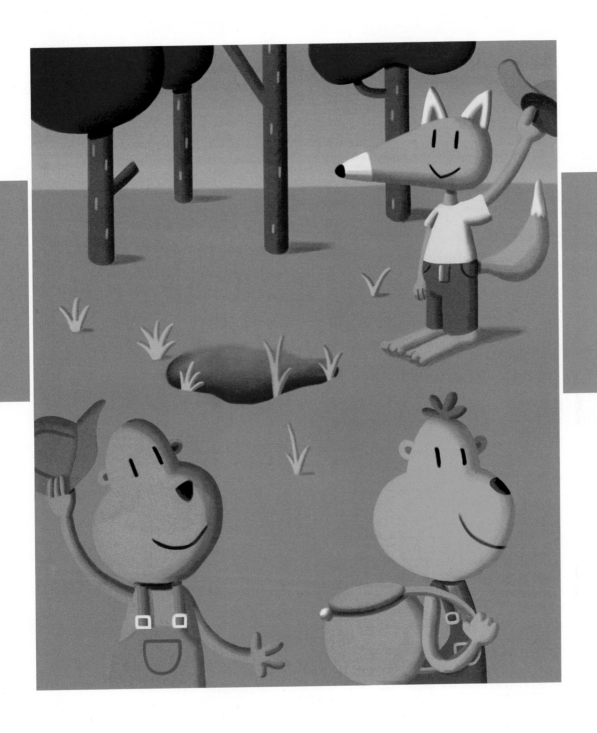

—Hola, Zorro —dice Zapi.
Zupi saluda con su gorra. Es de
color azul. Zorro saluda con su
gorra roja y sigue su camino.

—Hola, Oso —dice Zapi.

Zupi saluda con su gorra azul.

¿De qué color es la gorra de Oso?

—Hola, Pata —dice Zupi—.
¿Dónde vive Sapo Hugo?

—¡Vive aquí! —dice Pata. Pata le guiña
un ojo.
Sapo Hugo reposa en una hoja.

—¡Tírate al agua, Zapi! —dice Sapo
Hugo.

—Me da pereza —dice Zapi — ¡Hace
mucho frío!

El agua

Conectar con las Ciencias

✔ **PALABRAS QUE QUIERO SABER**

frío	mar
donde	color
azul	pequeños
habitan	agua

GÉNERO

Un **texto informativo** da información sobre un tema. Este es un texto de Ciencias.

ENFOQUE EN EL TEXTO

Las **ilustraciones** son dibujos que muestran más sobre el texto.

El agua

¿Qué tienen en común todos los seres vivos, grandes o pequeños, y de cualquier color? Necesitan agua para vivir.

El agua tiene formas diferentes. El agua que bebes es líquida. Un líquido fluye y toma la forma del recipiente en que se encuentra.

hielo

agua

nieve

Cuando el agua se congela, se convierte en hielo o en nieve. El agua helada es sólida. Un sólido tiene su propia forma.

¿Qué es el hielo? El hielo es agua congelada, dura y fría.

La nieve está formada por diminutos trozos de agua congelada que caen de las nubes. ¿Dónde cae la nieve? La nieve cae en un lugar frío.

El hielo y la nieve se encuentran en muchos lugares del mundo, como el Polo Norte. En el mar azul del Polo Norte es donde habitan animales como el oso polar. Otros animales más pequeños también viven en el agua.

Hacer conexiones

Leamos juntos

ANIMALES MARINOS

El agua

 El texto y tú

TEKS 1.19C, 1.20A(3), CL1F

Escribir para describir Piensa en tu animal marino preferido. Escribe oraciones para describirlo a un compañero de clase.

 De texto a texto

TEKS 1.14D, CL1F

Conectar con las Ciencias Mira las ilustraciones de **Animales marinos**. ¿Cuántas formas de agua ves y cuáles son?

 El texto y el mundo

TEKS 1.20A(2), 1.24A, CL1F

Usa un globo terráqueo Usa un globo terráqueo para hallar dos océanos distintos. Haz dibujos de animales marinos que creas que podrían vivir en cada uno.

 TEKS **1.14D** usar las características de un texto para localizar información; **1.19C** escribir comentarios breves de textos; **1.20A(2)** comprender/utilizar sustantivos (singulares/plurales, comunes/propios); **1.20A(3)** comprender/utilizar adjetivos; **1.24A** recopilar evidencia; **CL1F** hacer conexiones con experiencias/textos/la comunidad y discutir evidencia textual.

TEKS 1.6A identificar verbos/sustantivos; **1.20A(2)** comprender/utilizar sustantivos (singulares/plurales, comunes/propios); **1.21B(1ii)** reconocer las reglas del uso de las mayúsculas en los nombres de las personas; **1.20C** identificar y leer abreviaciones

Gramática

Sustantivos propios Un sustantivo que nombra a una persona o a un animal en particular se llama **sustantivo propio**. Los sustantivos propios empiezan con letra mayúscula.

Nick Todd

Flipper

Cuando se usa un **título** abreviado delante del nombre, también empieza con mayúscula. El título abreviado termina con un punto.

El **Sr.** Díaz   La **Sra.** Sims   La **Srta.** Reed

Escribe un nombre para cada ilustración en una hoja aparte. Usa un título abreviado. Comenta los nombres con tu compañero.

1.

2.

3.

4.

5.

Gramática y escritura

Cuando revises tu borrador, asegúrate de haber escrito los nombres de personas y de animales correctamente.

Escribir para informar

Leamos juntos

✓ **Fluidez de las oraciones** A veces escribes **oraciones** que le dan datos al lector. Una clase de datos indica cómo suceden las cosas.

Joy escribió sobre los leones marinos. Después agregó **fuerte** para describir cómo gruñen.

Borrador revisado

fuerte

El león marino gruñe.
⌃

 **Lista de control de la escritura**

✓ **Fluidez de las oraciones** ¿Tienen mis oraciones palabras que dicen cómo?

✓ ¿Escribí las palabras correctamente?

✓ ¿Usé las mayúsculas correctamente?

Busca las palabras que dicen cómo en la copia final de Joy. Después revisa lo que escribiste usando la lista de control de la escritura.

Copia final

Los leones marinos

Los leones marinos hacen cosas sorprendentes. Pueden gruñir muy fuerte. Usan sus aletas para moverse rápidamente en la tierra o en el agua.

Las manchas del leopardo
Gerald McDermott

Amigos
por John Gross
ilustrado por Randy Cecil

la selva tropical

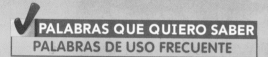
✓ **PALABRAS QUE QUIERO SABER**
PALABRAS DE USO FRECUENTE

sol
feliz
son
claro
pintar
luego
tengo
bailan

Librito de vocabulario

Las manchas de los animales

Tarjetas de contexto

Palabras que quiero saber

Leamos juntos

- Lee cada **Tarjeta** de contexto.
- Describe una foto usando una de las palabras en azul.

1
sol
Las hienas viven bajo el fuerte sol de África.

2
feliz
La cría de la cebra se siente feliz de estar con su mamá.

3
son
Algunas serpientes son muy largas.

4
claro
El águila vuela bajo un cielo claro.

5
pintar
¿Puedes pintar un rinoceronte como este?

6
luego
El leopardo mira desde el árbol y luego sale a cazar.

7
tengo
Tengo de mascota a una tortuga rayada.

8
bailan
Parece que las jirafas bailan cuando corren.

Contexto

Leamos juntos

✓ **PALABRAS QUE QUIERO SABER** **Animales con manchas**

1. Algunos animales bailan por la noche.

2. ¿A quién le gusta pintar?

3. El sol brilla y todo se ve más claro.

4. "Yo tengo manchas muy lindas", dijo Wama.

5. Wama y Kike son buenos amigos.

6. Luego, Kike también está feliz con sus manchas.

Algunos animales con manchas

perro

vaca

mariquita

jirafa

ciervo

TEKS 1.4C establecer un propósito para leer textos/supervisar la comprensión; 1.9A describir la trama/volver a contar los eventos de una historia; CL1A establecer los propósitos de leer; CL1E volver a contar/actuar sucesos importantes en las historias

Comprensión

✔ **DESTREZA CLAVE** Secuencia de sucesos

La mayoría de los sucesos de un cuento aparecen en un orden cronológico. Este orden se llama **secuencia de sucesos**. Los buenos lectores piensan en lo que pasa **primero**, **después** y **por último** en el cuento para entenderlo. Habla acerca de la secuencia de sucesos en la vida de este leopardo.

Mientras lees **Las manchas del leopardo**, piensa en la secuencia de sucesos.

Primero
↓
Después
↓
Por último

SENDEROS EN DIGITAL **Presentado por** DESTINO Lectura™

Lección 12: Actividades de comprensión

✔ **PALABRAS QUE QUIERO SABER**

sol	pintar
claro	feliz
son	tengo
luego	bailan

✔ **DESTREZA CLAVE**

Secuencia de sucesos
Di en qué orden suceden los hechos.

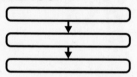

✔ **ESTRATEGIA CLAVE**

Preguntar Haz preguntas sobre el cuento.

GÉNERO

Un **cuento popular** es una vieja historia que cuentan las personas.

TEKS **1.4B** hacer preguntas/buscar clarificación/localizar hechos y detalles sobre los textos; **1.7B** entender frases recurrentes en leyendas folklóricas/cuentos; **1.27A** escuchar atentamente/formular preguntas para clarificar; **CL1B** hacer preguntas literales de un texto

Conoce al autor e ilustrador

Gerald McDermott

Cuando tenía cuatro años, Gerald McDermott comenzó a tomar clases de arte en un museo. Pasaba los sábados en el museo dibujando, pintando y viendo las obras de arte. Su libro **Flecha al Sol** ganó la medalla Caldecott por mejor ilustración.

Las manchas del leopardo

Escrito e ilustrado por Gerald McDermott

¿Sabes por qué el
leopardo tiene manchas?

Wama, la tortuga mexicana, jugaba a la pelota con la hiena Kike. Pero Kike la engañó.

Wama se sintió muy triste
y se cayó en la maleza.
—¡Socorro, socorro!
—gritó—. ¡Estoy aquí!

El leopardo Leo
corre a ayudar.

¡Zas! ¡Zas! ¡Zas!
Leo libera a Wama de la
maleza.

Wama y Leo bailan bajo el sol.
—¡Qué divertido es! —dijo Leo.

—¡Soy muy feliz! —dijo Wama—.
Y cuando estoy feliz, me da por
pintar.

Wama se pone a pintar.
Pintó rayas negras a la cebra
Sonia.

Luego pintó a Mawa, la jirafa.
—¡Mírame, ahora tengo manchas
de color café! —dijo Mawa.

—¡Qué bonito se ve!
—dijo Leo—. Yo también
quisiera manchas.

—¡Claro que sí! —dijo Wama.

Ahora Leo está muy
feliz con sus manchas.

Leo, Sonia y Mawa admiran
sus manchas.
—¡Yo también quiero
manchas! —dijo Kike.

Pero Wama engaña a Kike y
lo pinta muy mal. Kike grita
y se va rapidísimo.

Ahora Leo y Wama
son muy amigos.

1. En el cuento, la palabra <u>¡claro...!</u> significa:

☐ no

☐ cierto

☐ quizás

TEKS 1.6C

2. 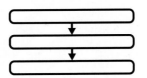 **Secuencia de sucesos**

¿Qué pasa después de que Leo corre a ayudar a Wama? **TEKS** 1.9A, CL1E

↓
↓

3. Lenguaje oral Usa las Tarjetas de recuento para representar el cuento con cuatro compañeros. Decide quién será cada personaje.

TEKS 1.9A, CL1E

Tarjetas de recuento

 TEKS **1.6C** usar sintaxis/contexto para determinar el significado; **1.9A** describir la trama/volver a contar los eventos de una historia; **CL1E** volver a contar/actuar sucesos importantes en las historias.

Amigos

por John Cross
ilustrado por Randy Cecil

✔ **DESTREZA DE FONÉTICA**

Sílabas abiertas
con **k, x** y **w**

✔ **PALABRAS QUE QUIERO SABER**

pintar
tengo
bailan

TEKS **1.3E(i)** decodificar palabras en contexto
incluyendo sílabas abiertas; **1.21C** reconocer/usar
los signos de puntuación al comienzo/final de las
oraciones; **1.22J** encontrar el deletreo correcto

Amigos

por John Cross
ilustrado por Randy Cecil

Sale el sol. Wicho y Maxi juegan con la soga. —¡Dame, Wicho! —le dice Maxi.

A Wicho le gusta mucho jugar con Maxi. El juego de la soga es su favorito.

Maxi se sienta y reposa.
¿Reposa Wicho? ¡No,
claro que no!

Luego llega Alexa. Alexa saluda
a su amigo Maxi. ¿Saluda Wicho a
su amiga Kika? ¡Sí, claro que sí!

—Tengo un juguete —dice Maxi—.
Lo acabo de pintar de rojo. ¿Quién
lo alcanzará primero, Wicho o Kika?

Kika es pequeña. No pesa ni cuatro
kilos. ¿Es Wicho habilidoso? ¡Sí,
claro que sí! ¡Míralo, casi agarra el
juguete! Caza como un lobo.

Maxi mima a Wicho. Alexa mima a Kika. ¡Maxi, Wicho, Alexa y Kika bailan!

Conectar con las Ciencias

sol	pintar
claro	feliz
son	tengo
luego	bailan

GÉNERO

Un **texto informativo** ofrece información sobre un tema. Este es un texto de Ciencias.

ENFOQUE EN EL TEXTO

Un **mapa** es un dibujo de una ciudad, estado u otro lugar.

La selva tropical

La selva tropical es un lugar muy húmedo. Tiene cuatro capas. En cada capa viven diferentes animales.

Capa emergente Esta capa está formada por los árboles más altos de la selva. Son habitantes de esta capa las águilas, los murciélagos y los monos que bailan por las ramas.

Dosel Las ramas y hojas de esta capa atrapan casi toda la luz del sol. Luego, no llega fácilmente a las capas de abajo. Aquí viven serpientes, ranas arbóreas y tucanes.

Sotobosque Esta capa es oscura porque tiene poco sol. Viven jaguares, perezosos y muchos insectos.

perezoso

águila

mono

tucán

jaguar

tapir

79

Suelo de la selva En esta capa casi nunca llega el sol. En el suelo viven tapires, escarabajos y termitas. También viven hormigas y osos hormigueros gigantes. Tengo entendido que un oso hormiguero se come, feliz, hasta treinta mil insectos ¡en un solo día!

AMÉRICA DEL NORTE

EUROPA

ASIA

ÁFRICA

Ecuador

AMÉRICA DEL SUR

AUSTRALIA

Clave

Selva tropical

ANTÁRTIDA

Este mapa te muestra dónde están las selvas tropicales del mundo. ¡Claro que puedes copiar y pintar el mapa en otra hoja de papel!

Hacer conexiones

Leamos juntos

El texto y tú

TEKS 1.7B, 1.18A, CL1F

Crear un cuadro ¿Qué clases de animales hay cerca de tu casa? Haz un cuadro de los animales que ves cada día. Compáralos con los animales del cuento.

De texto a texto

TEKS 1.4B, 1.14B, CL1F

Conectar con las Ciencias Anota en una lista los animales del cuento. Di en qué capa de la selva tropical viviría cada uno.

El texto y el mundo

TEKS 1.15B, 1.24C, CL1F

Hacer un mapa Imagina que vas a visitar la selva tropical. Dibuja un mapa que muestre adónde irás y haz una lista de las cosas que llevarás contigo.

TEKS **1.4B** hacer preguntas/buscar clarificación/localizar hechos y detalles sobre los textos; **1.7B** entender frases recurrentes en leyendas folklóricas/cuentos; **1.14B** identificar hechos/detalles importantes; **1.15B** explicar el significado de señales/símbolos; **1.18A** escribir historias breves; **1.24C** registrar información en formatos visuales; **CL1F** hacer conexiones con experiencias/textos/la comunidad y discutir evidencia textual.

Gramática

Leamos juntos

Más sustantivos Un sustantivo que nombra un lugar en particular es también un **sustantivo propio**. Los sustantivos propios comienzan con mayúscula.

parque
Tortugas

escuela
Bosque

calle **Viña**

estanque
Ranas

Escribe cada oración correctamente. Usa una hoja aparte.

1. Yo voy a la escuela pratt.

2. Mi clase fue de paseo al zoológico kent.

3. El zoológico está en la calle ash, en hampton.

4. El año próximo me voy a mudar a texas.

5. Mi nueva casa está cerca del lago fisher.

Gramática y escritura

Cuando revises tu borrador, asegúrate de haber escrito correctamente los nombres de lugares.

Escribir para informar Leamos juntos

✓ **Fluidez de las oraciones** En las buenas **instrucciones**, las oraciones indican los pasos en orden. Las palabras que indican orden facilitan el seguimiento de los pasos.

Akil hizo un borrador de una carta con instrucciones para su amiga Pam. Después agregó las palabras **Por último**, que indican orden.

Borrador revisado

4. Por último, colorea puntos marrones.

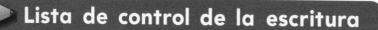
Lista de control de la escritura

✓ **Fluidez de las oraciones** ¿Tienen mis instrucciones palabras que indican orden?

✓ ¿Puse los pasos en orden?

✓ ¿Puse un saludo y un cierre en mi carta?

84

Busca palabras que indiquen orden en la carta final de Akil. Luego revisa lo que escribiste. ¡Trata de seguir las instrucciones de Akil para hacer un títere!

Copia final

Querida Pam:

Hice un títere que es un leopardo. Tú también puedes hacer uno así:

1. Primero, consigue una bolsa de papel pequeña.

2. Ahora dobla los lados de la solapa.

3. Después pégale orejas, ojos, una nariz y bigotes.

4. Por último, colorea puntos marrones.

Espero que te diviertas haciendo tu títere.

Tu amigo.

Akil

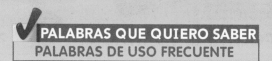

todavía
bueno
primavera
cuál
llueve
izquierda
invierno
resbala

Librito de vocabulario

Tarjetas de contexto

TEKS 1.3H decodificar palabras que tengan los mismos sonidos.

86

Palabras que quiero saber

Leamos juntos

● Lee cada **Tarjeta de contexto**.

● Elige dos de las palabras en azul y úsalas en oraciones.

1
todavía
Estos capullos todavía no florecen.

2
bueno
Un paraguas es bueno para protegernos de la lluvia.

3 primavera

Ojalá que pronto llegue la primavera con sus bellas flores.

4 cuál

¿Cuál de tus amigas tiene la sonrisa más linda?

5 llueve

En otoño a veces llueve y las hojas cambian de color.

6 izquierda

Su salón de clases está a la izquierda en el pasadizo.

7 invierno

El invierno es frío pero también es hermoso.

8 resbala

La niña no se resbala en el hielo. Lleva sus patines.

Contexto

Leamos juntos

✓ PALABRAS QUE QUIERO SABER Invierno, primavera, verano, otoño

1. En invierno el trineo resbala sobre la nieve.

2. Luego llega la primavera y llueve.

3. Esto es bueno para las plantas.

4. El sol entra en mi casa por la izquierda.

5. ¿Cuál es tu estación favorita?

6. Todavía no empieza el otoño.

Primavera

Verano

Otoño

Invierno

Comprensión

Leamos juntos

 **DESTREZA CLAVE** Causa y efecto

A veces en los cuentos, un suceso causa, o hace que ocurra, otra cosa. El primer suceso es la **causa**. Es la razón por la que ocurrió el segundo suceso. Lo que pasa después de la causa es el **efecto**. Es lo que sucede por la causa.

Causa: Está lloviendo.
Efecto: Las niñas están bajo un paraguas.

Mientras lees **Las estaciones**, piensa en lo que sucede en cada estación y por qué sucede.

¿Qué sucede?	¿Por qué?

✔ PALABRAS QUE QUIERO SABER

todavía	llueve
invierno	primavera
bueno	izquierda
cuál	resbala

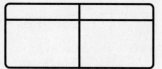

✔ DESTREZA CLAVE

Causa y efecto Explica qué sucede y por qué.

✔ ESTRATEGIA CLAVE

Visualizar Imagínate lo que está sucediendo a medida que leas.

GÉNERO

Un **texto informativo** da información sobre un tema.

TEKS **1.4B** hacer preguntas/buscar clarificación/localizar hechos y detalles sobre los textos.

Conoce a la autora

Pat Cummings

A Pat Cummings le gusta mucho recibir cartas de los niños que han leído sus libros. Algunas veces también le mandan otras cosas, como camisetas, tazas, dibujos e incluso trabajos de ciencias. **Clean Your Room, Harvey Moon!** (¡Limpia tu cuarto, Harvey Moon!) es uno de los muchos libros que ha escrito.

Las estaciones

escrito por Pat Cummings

Primavera

¡Llegó la primavera!
En la primavera,
todo está verde
en la pradera.

93

Ya amaneció,
y los pajaritos
cantan divertidos.
¡Es primavera!

Llueve, y te vas a mojar.
Lo puedes evitar con un
paraguas.
El agua se resbala.

95

Verano

El verano llegó
y hace calor.
La escuela terminó.
¡Son las vacaciones!

97

Una abeja va
de girasol en girasol.
¡Qué alto es el girasol!
Intenta llegar al sol.

98

El verano ya se acaba,
y a la escuela otra vez
tenemos que ir.
¡Nos vamos a divertir!

Otoño

En el otoño,
las hojas tienen otro color.
Todavía no hace frío,
pero tampoco calor.

Pero de jugar
en el parque
no te puedes
olvidar.

La ardilla orgullosa
se come una bellota.
No será la última.

Invierno

En el invierno
hace mucho frío.
Se debe estar tapado,
¡y muy abrigado!

Es muy importante
estar calentito.
Por eso este animal
se mete en su nidito.

Ponle guantes al muñeco:
uno en la mano izquierda,
otro en la derecha,
y un gorro en la cabeza.

Invierno

Primavera

Verano

Otoño

Invierno, primavera,

verano, otoño.

¿Cuál es mejor?

Todas tienen algo bueno.

1. En el cuento, la palabra <u>resbala</u> significa:

⬭ patina

⬭ está muy fría

⬭ se acaba

TEKS 1.6C

2. ✔ DESTREZA CLAVE **Causa y efecto**

¿Por qué los animales almacenan nueces en otoño? **TEKS** 1.14B, 1.24C

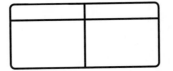

3. **Lenguaje oral** Trabaja con un compañero. Túrnense para contar cosas que les gusta hacer en cada estación. Usen las Tarjetas de recuento como ayuda. **TEKS** 1.14B, CL1F

Tarjetas de recuento

TEKS **1.6C** usar sintaxis/contexto para determinar el significado; **1.14B** identificar hechos/detalles importantes;
1.24C registrar información en formatos visuales; **CL1F** hacer conexiones con experiencias/textos/la comunidad y discutir evidencia textual

✓ **DESTREZA DE FONÉTICA**

Sílabas cerradas con **l, m, n, r** y **z**

✓ **PALABRAS QUE QUIERO SABER**

bueno
todavía
primavera

La sorpresa

por Lorenzo Lizárraga
ilustrado por Mircea Catusanu

Wendy le mandó a Salma un regalo.
El regalo está dentro de una caja de
cartón. Papá ayuda a Salma a sacarlo
de la caja.

—¡Qué bueno! —dice Salma—.
Es una mesita de madera.

Salma no usa su mesita todavía. Papá nota que la mesita resbala. Una pata está rota.

—¿Cuál de las patas está rota, Papá?

—La pata que está a la izquierda —dice Papá—. Iré al cobertizo. Allí tengo lo que necesito para arreglar la mesita.

—Yo te acompañaré —dice Salma.

Papá examina la mesita. Le falta un
tornillo. "Wi, wi, wi". Papá hace girar
el tornillo y lo coloca en su lugar.
Después de arreglar la mesita, Papá
dice: —Mi amigo Kike me regaló una
mesita con un borde como este.

—Mmmm, ¿dónde la habré guardado? —se pregunta Papá.

—Tal vez si piensas en tu amigo Kike y haces un esfuerzo, te acordarás dónde la guardaste —le dice Salma.

—A ver, a ver, ¿dónde cabe una mesita?... ¡Ya sé! —responde Papá.

—¡Vamos!

—La mesita está en el cobertizo
—dice Papá.

—¿Hace mucho que tu mesita está en el cobertizo? —pregunta Salma.

—No hace mucho —dice Papá.
Papá y Salma corren al cobertizo.

Papá y Salma llegan al almacén. Papá
señala a su izquierda.

—¡Aquí está! —dice Papá—. La
mantengo aquí durante el invierno.
En la primavera, la llevo a casa.

—Tal vez esta mesita deba ir junto a la
tuya —dice Papá—. Te la regalaré.
—¡Qué fabuloso, Papá! —dice Salma
muy feliz.

Conectar con la poesía

todavía	llueve
invierno	primavera
bueno	izquierda
cuál	resbala

GÉNERO

La **poesía** usa el sonido de las palabras para expresar imágenes o sentimientos.

ENFOQUE EN EL TEXTO

La **aliteración** es la repetición de sonidos en una frase.

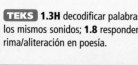
Las cuatro estaciones del año

Cada estación trae cambios. ¿Cuál te gusta más? Quizás la hierba verde del verano. Tal vez las coloridas hojas de los árboles en el otoño. O, la nieve sobre la que uno se resbala en el invierno. Quizás el primer día que llueve en la primavera, cuando todavía hace fresco y el clima es bueno.

Primavera

Puede durar cuanto quiera
¡Me encanta la primavera!

por Alma Flor Ada

En el prado, el caracol
saca los cuernos al sol.
La abejita presurosa
saluda a la flor preciosa.
¡Qué promesa, la primera
mañana de primavera!

por Alma Flor Ada

Escucha

Cruje, cruje, cruje y cristaliza.
Escucha cómo crepita:
Nieve congelada y hielo que tirita,
Sonidos del invierno que frío se desliza
Haciendo un estallido bajo mis pies.
En un auto que pasa, seguro no lo ves
Cruje, cruje, cruje y cristaliza.
Escucha cómo crepita...

por Margaret Hillert

La canción de las estaciones

con la melodía de "Twinkle, Twinkle, Little Star"

Verano, otoño, primavera, invierno,
Cuál es la estación que yo más quiero.
El invierno es frío y nos trae nieve,
Pero en primavera solo llueve y llueve.
El sol del verano es lo que más espero.
Y en otoño, voy a la escuela y juego.

Escribe acerca de las estaciones

Haz un dibujo de tu estación favorita. Luego escribe un poema a la izquierda de tu dibujo. Usa rimas y aliteración.

Hacer conexiones

 El texto y tú

 El texto y tú   TEKS 1.19C, 1.20A(3), CL1F

Escribir para describir ¿Cuál es tu estación preferida? Escribe una oración para describirla.

 De texto a texto   TEKS 1.8, CL1F

Conectar con la poesía Haz una lista de palabras de las lecturas que rimen. Elige dos de ellas y escribe dos palabras más que rimen con ellas.

 El texto y el mundo   TEKS CL1F

Hablar sobre las estaciones Ubica Texas en un globo terráqueo. Luego ubica otro país. Di en qué crees que se parecen y se diferencian las estaciones de ese país comparadas con las de Texas.

 TEKS **1.8** responder a/usar ritmo/rima/aliteración en poesía; **1.19C** escribir comentarios breves de textos; **1.20A(3)** comprender/utilizar adjetivos; **CL1F** hacer conexiones con experiencias/textos/la comunidad y discutir evidencia textual.

TEKS 1.6A identificar verbos/sustantivos; 1.20A(1) comprender/utilizar verbos (pasado/presente/futuro) del modo indicativo; 1.20B hablar usando oraciones completas

Gramática

Leamos juntos

El sujeto y el verbo El verbo expresa una acción. El sujeto realiza la acción. Las terminaciones del verbo varían según el sujeto, la persona que realiza la acción.

Uno	Más de uno
Un **niño** arrastr**a** su trineo.	Dos **niñas** arrastr**an** a su perro.
Brett sub**e** por la colina.	Los **niños** sub**en** por el camino.

122

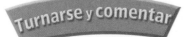

Elige el verbo que complete cada oración. Túrnate con un compañero y di por qué lo elegiste.

1. Los pájaros _____?_____ en la primavera.

   cantan   canta

2. Las flores _____?_____ en el jardín.

   crecen   crece

3. Un insecto _____?_____ en la noche.

   zumban   zumba

4. Ahora el sol _____?_____ en el cielo.

   brillan   brilla

5. Los niños _____?_____ en la piscina.

   nadan   nada

Gramática y escritura

Cuando revises tu borrador, asegúrate de que haya correspondencia entre el sujeto y las terminaciones de los verbos.

Escribir para informar

Leamos juntos

✓ Ideas Cuando escribas **oraciones** que dan hechos, asegúrate de que todas tus oraciones se relacionen con la idea principal.

Kyle escribió sobre el invierno. Luego quitó una oración que no tenía relación.

Borrador revisado

El invierno es la estación más fría. A veces aquí cae nieve. ~~Tengo un trineo.~~

Lista de control de la escritura

✓ Ideas ¿Todas mis oraciones tratan acerca de la idea principal?

✓ ¿Relata un hecho cada oración que da detalles?

✓ ¿Escribí el verbo correcto para cada sustantivo?

Busca la oración con la idea principal en la copia final de Kyle. Revisa lo que escribiste usando la lista de control de la escritura.

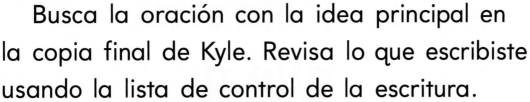

Copia final

Una estación fría

El invierno es la estación más fría.

A veces aquí cae nieve.

El lago se congela.

La gente patina sobre el lago.

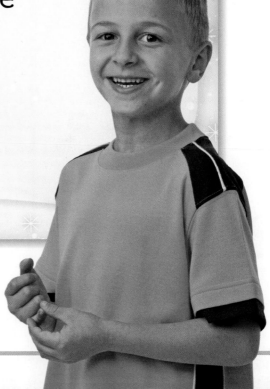

preparados

sitio

tres

sobre

público

cuatro

hoy

línea

Librito de
vocabulario

Tarjetas
de contexto

Palabras que quiero saber

● Lee cada **Tarjeta de contexto**.

● Usa una de las palabras en azul para contar algo que hiciste.

1

preparados
Estos lagartos están preparados para saltar.

2

sitio
En un sitio desértico también hay vida.

3 tres

Estos tres buitres se toman un descanso.

4 sobre

El sol está sobre el horizonte.

5 público

Las escenas naturales atraen mucho público.

6 cuatro

El zorro confía en la velocidad de sus cuatro patas.

7 hoy

Hoy brotó una flor con cinco manchas rojas.

8 línea

Estos conejos están parados en línea.

Contexto

✓ **PALABRAS QUE QUIERO SABER** **Una carrera de velocidad**

1. Hoy los corredores están preparados para la carrera.

2. Todos se encuentran en su sitio sobre la pista.

3. Cuatro corredores van adelante.

4. El público aplaude.

5. Tres corredores se quedan atrás.

6. El ganador llega primero a la línea de la meta.

¿Quién crees que ganó esta carrera?
Cuenta sobre las carreras en las que hayas estado.

Comprensión

 **DESTREZA CLAVE** Conclusiones

En un cuento, los autores no siempre cuentan todos los detalles. Los lectores deben usar claves del cuento y lo que ya saben para hacer una suposición inteligente sobre lo que el autor no dice. Hacer esta suposición inteligente se llama **sacar conclusiones**.

> ¿Qué conclusiones sacaste?
> ¿Qué claves te ayudaron?

Mientras lees **La gran carrera**, usa claves del cuento y lo que ya sabes para sacar conclusiones. Usa un cuadro como este para decir qué ayuda a Lagarto a ganar la carrera.

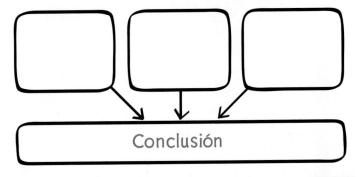

Conclusión

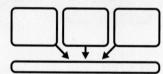

La gran carrera

escrito por Pam Muñoz Ryan
ilustrado por Viviana Garofoli

✔ PALABRAS QUE QUIERO SABER

preparados	cuatro
tres	hoy
público	línea
sitio	sobre

✔ DESTREZA CLAVE

Conclusiones Usa los detalles para informarte más sobre el texto.

✔ ESTRATEGIA CLAVE

Inferir/Predecir Usa pistas para descubrir más sobre las partes del cuento.

GÉNERO

La **fantasía** es un cuento que no podría suceder en la vida real.

 TEKS **1.4B** hacer preguntas/buscar clarificación/localizar hechos y detalles sobre los textos; **CL1D** hacer inferencias /usar evidencia textual

Conoce a la autora
Pam Muñoz Ryan

En California, los veranos son muy cálidos. Por esa razón, cuando era niña, Pam iba muchas veces a la biblioteca durante el verano. La biblioteca era uno de los pocos lugares cercanos a su casa que tenían aire acondicionado.

Conoce a la ilustradora
Viviana Garofoli

Viviana Garofoli vive en Argentina con su familia. Entre otros libros ilustró **Sophie's Trophy** (El trofeo de Sofía) y **My Big Rig** (Mi gran camión).

La gran carrera

escrito por Pam Muñoz Ryan

ilustrado por Viviana Garofoli

Quien gane la carrera, gana el pastel.

Hoy es la gran carrera.

—A mí me gusta mucho el pastel —dijo Lagarto —. Correré en esta carrera.

Lagarto llega a la carrera.

Correrá contra cuatro adversarios.

Conejita llega en el minuto justo.

Espera en la línea uno.

Ratita descansa en un nopal.

Correrá en la línea dos.

Culebra toma la línea tres.

Correcaminos se coloca en la cuatro.

Casi todos están preparados.

Lagarto toma la línea cinco. Los
animales ya están en su sitio.

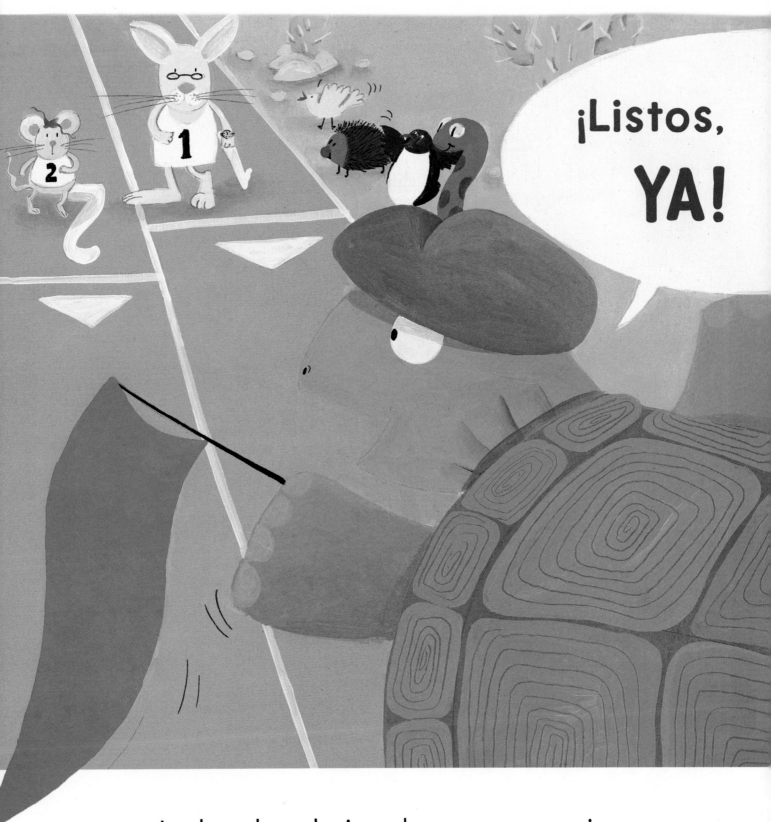

La bandera baja y la carrera empieza.
El público los mira y los aplaude.

Conejita no llega muy lejos.

Ratita tropieza y se cae en el heno.

Culebra se para a perseguir
bichos en el camino.

Correcaminos encuentra un obstáculo. No
sabe saltar sobre el rastrillo.

¡Lagarto gana la carrera!

Lagarto admira su gran pastel.

—Miren cómo me lo como —grita.

Después, Lagarto mira a sus
compañeros de carrera.

También les gusta el pastel.

¿Qué hará Lagarto?

Lagarto pone el pastel en cinco platos.

El pastel es para todos.

¡Viva, Lagarto, viva!

1. En el cuento, la palabra <u>sitio</u> significa:

⬭ un lugar

⬭ el tiempo

⬭ un objeto que dice la hora.

TEKS 1.6C

2. ✔ DESTREZA CLAVE **Conclusiones**

¿Cómo sabes que Lagarto es un buen amigo?
TEKS 1.9B, CL1D

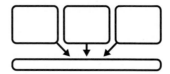

3. Lenguaje oral Trabaja con un compañero.
Habla con claridad sobre tu parte
preferida del cuento. Usa las
Tarjetas de recuento como
ayuda. **TEKS** 1.9A, 1.28

Tarjetas de recuento

 TEKS **1.6C** usar sintaxis/contexto para determinar el significado; **1.9A** describir la trama/volver a contar los eventos de una historia; **1.9B** describir los personajes de una historia/ justificar sus acciones/sentimientos; **1.28** compartir información/ideas hablando audiblemente; **CL1D** hacer inferencias/usar evidencia textual

149

Una gran carrera

por Aiztinay Ticino
ilustrado por Jerry Smath

Sílabas cerradas
con **b, c, d, s** y **x**

preparados
público
sobre

TEKS **1.3C** usar el conocimiento fonológico
para emparejar sonidos; **1.3E(ii)** decodificar
palabras en contexto incluyendo sílabas cerradas;
1.3E(6ii) decodificar palabras por separado incluyendo
sílabas cerradas

Una gran
carrera

por Aiztinay Ticino
ilustrado por Jerry Smath

Hoy es el día esperado. Todos
están en este sitio para observar
la carrera.

Los participantes atan los cordones
de sus zapatos y se preparan.
Todos practicaron mucho para
esta competencia y esperan llegar
primeros a la meta.
Unos van a correr, otros van a
competir en bicicleta o en patines.

Sixto y Calixto están preparados
para empezar la carrera. Solo
esperan la señal. En sus marcas,
listos... ¡a correr!

Una línea divide la pista.

Sixto salta sobre la barra.

Calixto salta sobre la barra.

El público los observa y se entusiasma.

Edna y Estela participan
con sus patines.
Edna es una experta.
Estela es estupenda.

Osmani y Osvaldo montan en
bicicleta. Cada uno lleva su casco.
La gente los admira.
¡Hay mucha actividad!

Al final, tres participantes
obtienen galardones azules.
Otros tres obtienen galardones
rojos. ¡Felicidades, ganadores!

Los
juegos
olímpicos

Conectar con los Estudios Sociales

✔ **PALABRAS QUE QUIERO SABER**

cuatro	tres
público	sitio
línea	sobre
preparados	hoy

GÉNERO

Un **texto informativo** ofrece información sobre un tema. Este es un artículo de una revista.

ENFOQUE EN EL TEXTO

Las **leyendas de las ilustraciones** brindan información adicional sobre una foto o un dibujo.

TEKS **1.3H** decodificar palabras que tengan los mismos sonidos; **1.14B** identificar hechos/detalles importantes; **1.14D** usar las características de un texto para localizar información.

Los juegos olímpicos

por Margaret Bishop

Los juegos olímpicos son competencias deportivas donde se reúnen atletas de muchos países. Estos juegos también tienen mucho público. Las olimpiadas se han realizado en varios lugares de los Estados Unidos, sobre todo en California, sitio donde se han celebrado tres veces.

Los juegos olímpicos comienzan con un desfile.

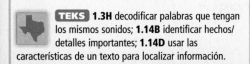

Lake Placid, New York, 1980

Eric Heiden fue un gran patinador de velocidad. Participó en cinco carreras y cruzó la línea de meta en primer lugar las cinco veces.

Los Angeles, California, 1984

Carl Lewis fue un gran corredor. También compitió en salto largo. Hoy lo recordamos porque ganó cuatro medallas de oro.

En total, Carl ganó nueve medallas de oro en cuatro olimpiadas.

Atlanta, Georgia, 1996

Los jueces estaban preparados para calificar el salto de potro de Kerri Strug. Aunque la primera vez se cayó, lo volvió a intentar ¡y lo logró!

Hacer conexiones

 El texto y tú

TEKS 1.21B(1i), CL1F

Escribir sobre deportes ¿Qué deporte te gustaría ganar? Dibújate ganando. Escribe una oración acerca del dibujo. Escribe la primera palabra con mayúscula.

 De texto a texto

TEKS 1.10, 1.29, CL1F

Conectar con los Estudios Sociales Los atletas de ambas selecciones son buenos deportistas. Di qué significa ser un buen deportista en tus propias palabras.

 El texto y el mundo

TEKS 1.15B, CL1F

Hacer un mapa de una carrera Imagina que corres una carrera por tu vecindario. ¿Dónde comienza la carrera y dónde termina? Dibuja un mapa del recorrido.

TEKS 1.10 distinguir las historias verdaderas de las ficticias; 1.15B explicar el significado de señales/símbolos; 1.21B(1i) reconocer las reglas del uso de las mayúsculas al comienzo de las oraciones; 1.27A escuchar atentamente/formular preguntas para clarificar; 1.29 seguir reglas conversacionales; CL1F hacer conexiones con experiencias/textos/la comunidad y discutir evidencia textual.

Gramática

Tiempos del verbo Los verbos pueden hablar de lo que sucede en el presente o lo que sucedió en el pasado.

En el presente	En el pasado
Unos animales corr**en** en la carrera ahora.	Unos animales corr**ieron** en la carrera ayer.
Otros animales mir**an** la carrera.	Otros animales mir**aron** la carrera.

Lean cada oración en voz alta y digan si se habla en tiempo presente o en tiempo pasado.

1. Los corredores miran la bandera.

2. Empezaron la carrera.

3. Terminaron la carrera rápidamente.

4. Los corredores saltan.

5. Los ganadores reciben premios.

Gramática y escritura

Cuando revises tu borrador, asegúrate de que cada verbo diga claramente si algo sucede en el presente o sucedió en el pasado.

TEKS **1.17A** generar ideas para escribir; **1.23A** generar tópicos/formular preguntas; **1.23B** determinar fuentes relevantes de información; **1.24A** recopilar evidencia; **1.24C** registrar información en formatos visuales

Taller de lectoescritura: Preparación para la escritura

Escribir para informar

Leamos juntos

☑ Ideas ¡Un buen **informe** necesita datos!
Antes de que empieces a escribir, halla datos
para responder la pregunta que escribiste
acerca de tu tema.

Lena halló información sobre lagartos.
Tomó notas para acordarse de los datos.

Explorar un tema

Lista de control de preparación para la escritura

☑ ¿Escribí una buena pregunta acerca de mi
tema?

☑ ¿Mis notas me ayudarán a recordar los datos?

☑ ¿Usé buenas fuentes de información?

Busca datos en las notas de Lena. Después escribe tus propias notas. Usa la lista de control de preparación para la escritura.

Tabla de planificación

Mi pregunta
¿Qué hacen los lagartos de verdad?

Dato 1
cambian el color

Dato 2
corren rápido con las patas de atrás

Dato 3
se hinchan para parecer grandes

Cinco grupos de animales
por James Bruchac

Las aves vuelan
por Amy Long

Los animales van de excursión

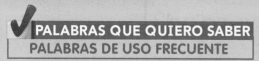

✔ **PALABRAS QUE QUIERO SABER**
PALABRAS DE USO FRECUENTE

huevo

vuelan

piel

necesarias

se parecen

nido

cuerpo

grupos

Librito de vocabulario

Los animales

Tarjetas de contexto

 TEKS 1.3H decodificar palabras que tengan los mismos sonidos.

166

Palabras que quiero saber

Leamos juntos

● **Lee cada Tarjeta de contexto.**

● **Haz una pregunta en la que uses una de las palabras en azul.**

1
huevo
El águila vuela hacia el nido a poner un huevo.

2
vuelan
Los murciélagos son mamíferos que vuelan.

3 piel

La piel de estos lagartos es dura y resistente.

4 necesarias

Unas patas muy largas son necesarias para dar grandes saltos.

5 se parecen

Los ojos de este perro se parecen a los de un lobo.

6 nido

El pato prefiere hacer su nido cerca del agua.

7 cuerpo

El cuerpo multicolor de este pez es hermoso.

8 grupos

Los elefantes viven en grupos llamados manadas.

Contexto

PALABRAS QUE QUIERO SABER **Cómo son los animales**

1. En la Tierra hay varios grupos de animales.

2. Las ranas nacen de un huevo.

3. Muchas aves vuelan. También viven en un nido.

4. Perros y lobos se parecen.

5. Todos los animales tienen las partes necesarias.

6. Algunos tienen pelo que cubre la piel de su cuerpo.

Cuatro grupos de animales

reptil

pez

ave

mamífero

¿Puedes nombrar estos animales?
Nombra más animales de cada grupo.

Comprensión

✓ **DESTREZA CLAVE** Comparar y contrastar

Cuando **comparas**, dices en qué se parecen las cosas. Cuando **contrastas**, dices en qué se diferencian las cosas. Los buenos lectores piensan en qué se parecen y en qué se diferencian las cosas para que los ayude a entender mejor un cuento. ¿En qué se parecen un perro y un gato? ¿En qué se diferencian?

perro

gato

Al leer **Cinco grupos de animales**, piensa en las maneras en que se parecen y en que se diferencian los animales de diferentes grupos.

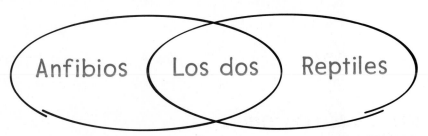

Anfibios — Los dos — Reptiles

SENDEROS EN DIGITAL Presentado por DESTINO Lectura™

Lección 15: Actividades de comprensión

Cinco grupos
de animales
por James Bruchac

✓ PALABRAS QUE QUIERO SABER

nido	se parecen
vuelan	huevo
piel	cuerpo
necesarias	grupos

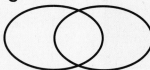
✓ DESTREZA CLAVE

Comparar y contrastar
Explica cómo dos cosas
son iguales o no.

✓ ESTRATEGIA CLAVE

Verificar/Aclarar Halla
maneras de descubrir lo
que no tiene sentido.

GÉNERO
Un **texto informativo**
ofrece información sobre
un tema.

TEKS **1.4B** hacer preguntas/buscar
clarificación/localizar hechos y detalles sobre los
textos; **1.4C** establecer un propósito para leer
textos/supervisar la comprensión; **CL1C** supervisar/ajustar
la comprensión.

Conoce al autor
James Bruchac

James Bruchac es una persona
con muchas aficiones. Es escritor,
narrador, observador de
animales y guía de deportes de
aventura. Junto con su papá,
Joseph Bruchac, escribió los libros
Cómo la ardilla obtuvo sus rayas
y **Turtle's Race with Beaver**
(La carrera de Tortuga y Castor).

Cinco grupos de animales

escrito por James Bruchac

171

Peces

Reptiles

Anfibios

Vamos a estudiar cinco grupos de animales.

Aves

Mamíferos

¿En qué se parecen los animales de un mismo grupo?

Pez

aleta

ojo

boca

agallas

aletas

Los peces viven en el agua. Tienen agallas para respirar dentro del agua.

cola

Los peces tienen cola y aletas.
Estas son necesarias para nadar.

Los peces tienen muchas formas y tamaños. ¿Ves un pez en la foto?

Reptiles

escamas

cola

ojo

patas

Los reptiles viven en la tierra. A algunos les gusta el agua. Tienen escamas en la piel.

Muchos reptiles nacen de un huevo.

Las culebras no andan. Este animal no tiene patas pero sí un cuerpo muy largo con el que se desliza.

Anfibios

ojo

piel húmeda

patas

Los anfibios viven tanto en la tierra como en el agua. No tienen escamas y su piel es húmeda.

renacuajos

Los anfibios nacen de huevos.

El renacuajo se convertirá en rana.

Aves

ojo

pico

ala

plumas

Las aves tienen alas y plumas. ¡Tienen
los ojos a los lados de la cara!

Muchas aves vuelan. Algunas nadan.
Y otras corren muy rápido.

Las aves nacen de huevos. Esta gallina hizo un nido para ella y sus pollitos.

Mamíferos

ojo

pelo

rabo

patas

Los mamíferos tienen muchas formas y
tamaños. Tienen pelo en la piel.

La mamá mamífero
produce leche para su cría.

Muchos mamíferos viven en la tierra.
Pero algunos viven en el agua.

¿Sabías que tú también
eres un mamífero?

188

1. En el cuento, la palabra <u>vuelan</u> significa:

⬭ moverse con los pies

⬭ moverse con las alas

⬭ moverse con las aletas

TEKS 1.6C

2. ✔ **DESTREZA CLAVE** **Comparar y contrastar**

¿En qué se parecen los anfibios y los pájaros? ¿En qué se diferencian? **TEKS** 1.14B, 1.24C

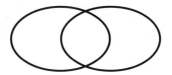

3. Lenguaje oral Trabaja junto a cuatro compañeros. Cada uno elige un grupo de animales sobre el cual hablar. Usa las Tarjetas de recuento y habla con claridad. **TEKS** 1.14B, 1.28

Tarjetas de recuento

TEKS **1.6C** usar sintaxis/contexto para determinar el significado; **1.14B** identificar hechos/detalles importantes; **1.24C** registrar información en formatos visuales; **1.28** compartir información/ideas hablando audiblemente

Las aves vuelan

por Amy Lang

Las aves vuelan. El cuerpo de esta
ave es claro. Sus alas son largas.

Las aves tienen alas para volar. El tamaño y la forma de las alas son diferentes en cada tipo de ave.

Las aves tienen nidos. Este nido
es ancho. Es un nido grande. Las
aves hacen sus nidos con ramas.
Hacer un nido toma muchas horas.

Observa el nido en lo alto del edificio. Muchas veces es difícil de ver. Está muy lejos del suelo y cerca de los balcones.

En el nido ya no queda ni un huevo.
¿Ves las dos aves pequeñas? Mamá
y Papá les llevan ratones para comer.
Ahora no se parecen a Mamá ni a
Papá. ¡Pero van a ser enormes!

Es la hora de volar. Las aves
jóvenes se paran en el nido.
Observan lo que hacen las aves
adultas y las copian. ¡Ambas vuelan!

Esta ave es casi adulta. Está
lista para hacer un nuevo nido.
¿Dónde lo va a hacer?

Conectar con la dramatización

✓ **PALABRAS QUE QUIERO SABER**

nido	se parecen
vuelan	huevo
piel	cuerpo
necesarias	grupos

GÉNERO

Una **obra de teatro** es una historia representada por personas.

ENFOQUE EN EL TEXTO

Las **acotaciones** de una obra de teatro brindan información sobre los personajes y el ambiente.

Los animales van de excursión

por Debbie O'Brien

Reparto

 Zorro

 Vaca

 Pájaro

 ¡Hola, chicos! ¡Qué bueno que llegaron!

 Sí, y en el camino vimos dos grupos de animales.

 Venían muchas vacas que se parecen. Tienen el cuerpo y la piel como Vaca.

(señalando la canasta de Vaca)
¿Trajeron las cosas necesarias para comer?

Sí, yo traje pasto.

Yo traje carne, pero mejor comemos debajo del árbol. Aquí hay tierra.

¡Mira! En el árbol hay pájaros que vuelan y un nido con un huevo.

(señalando la canasta de Pájaro)
¿Qué trajiste, Pájaro?

Yo no traje pasto ni carne.
Traje semillas.

¿Cómo vas a comer esas semillas?
No tienes dientes.

¡Mírenme!
(**Pájaro come unas semillas.**)
¡Mmmm! ¡Están deliciosas!

Hacer conexiones

El texto y tú

TEKS 1.27A, 1.29, CL1F

Hablar sobre animales ¿Cuál es tu grupo de animales preferido? Coméntalo con un compañero.

De texto a texto

TEKS 1.19A, CL1F

Conectar con las Artes del lenguaje Elige un animal de **Cinco grupos de animales**. Escribe lo que ese animal podría decir y hacer en el día de excursión.

El texto y el mundo

TEKS 1.23A, 1.23B, CL1F

Lista de preguntas Piensa en un animal sobre el que te gustaría saber más. Haz una lista de preguntas sobre ese animal. ¿Dónde podrías encontrar las respuestas?

TEKS 1.19A escribir composiciones breves; 1.23A generar tópicos/formular preguntas; 1.23B determinar fuentes relevantes de información; 1.27A escuchar atentamente/formular preguntas para clarificar; 1.29 seguir reglas conversacionales; CL1F hacer conexiones con experiencias/textos/la comunidad y discutir evidencia textual.

Gramática

Leamos juntos

El verbo *ser* El verbo *ser* se usa para hacer descripciones. Usa **es** y **son** para describir a las personas, animales o cosas en el presente.

Uno	Más de uno
El nido **es** de paja.	Los nidos **son** de paja.

Usa **era** y **eran** para describir a las personas, animales o cosas en el pasado.

Uno	Más de uno
El pollito **era** bonito.	Los pollitos **eran** bonitos.

Elige el verbo que completa la oración.
Túrnate con un compañero e indica si el verbo
ser está en presente o en pasado.

1. Tenía una rana que _____
   pequeñita.   es era

2. Los dinosaurios _____ muy grandes.
                    son eran

3. Ahora mi perrito _____ todavía pequeño.
                     es era

4. Los anillos que tengo _____ de oro.
                          son eran

5. Cuando era joven su encanto _____ su
   sonrisa.   es era

Gramática y escritura

Cuando revises tu borrador, asegúrate
de haber usado la forma del verbo **ser**
correctamente.

Taller de lectoescritura: Revisar

Escribir para informar

Leamos juntos

✔ **Elección de palabras** En un buen **informe,** las palabras adecuadas ayudan a comprender los hechos fácilmente.

Lena hizo un borrador de su informe. Luego escribió diferentes palabras para decir las cosas con más claridad.

Borrador revisado

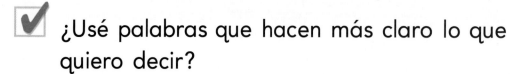
con aire
Algunos lagartos se inflan ^
ante sus enemigos
para parecer más grandes. ^

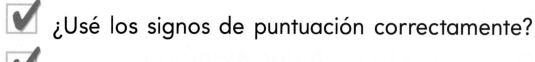
Lista de control de la escritura

✔ ¿Usé palabras que hacen más claro lo que quiero decir?

✔ ¿Usé los signos de puntuación correctamente?

✔ ¿Escribí las palabras correctamente?

Busca las palabras exactas en la copia final de Lena. Después revisa lo que escribiste usando la lista de control de la escritura.

Copia final

Un reptil interesante

Los lagartos hacen cosas muy curiosas. Algunos pueden cambiar de color rápidamente. Otros corren muy rápido con las patas traseras. Algunos lagartos se inflan con aire para que sus enemigos piensen que son más grandes.

Lee el cuento. Luego lee cada pregunta.
Elige la mejor respuesta para la pregunta.

Ranas y sapos

Las ranas y los sapos se parecen. Ambos ponen huevos en el agua, viven en el agua cuando son pequeños y comen muchos insectos.

Las ranas y los sapos pueden ser diferentes también. Las ranas tienen piel húmeda. Viven cerca del agua. Tienen algunos dientes y patas traseras largas que las ayudan a saltar y nadar.

Los sapos tienen la piel <u>seca</u>. Están casi siempre en la tierra. No tienen dientes y sus pequeñas patas traseras los ayuda a caminar.

1 ¿Por qué escribió esto el autor?

⬭ Para contar una historia divertida

⬭ Para dar hechos

⬭ Para decirte qué debes hacer

2 ¿En qué se diferencian las ranas de los sapos?

⬭ Las ranas ponen huevos en el agua.

⬭ Las ranas comen insectos.

⬭ Las ranas tienen dientes.

3 ¿Qué palabra del cuento significa lo opuesto de seca?

⬭ Desigual

⬭ Húmeda

⬭ Largas

SIGUE ➡

Conoce a un milpiés

Un milpiés es un animal muy pequeño que puede enrollarse hasta parecer una píldora. Esto le ayuda a mantenerse a salvo del peligro. Le gusta esconderse debajo de las piedras húmedas.

Muchas personas creen que los milpiés son insectos. No lo son. Los milpiés tienen catorce patas, no seis. ¡Son familia de los cangrejos!

1 Los milpiés logran evitar el peligro porque:
- ⬭ Tienen mil patas.
- ⬭ Son muy pequeños.
- ⬭ Pueden enrollarse como una píldora.

2 ¿En qué se diferencian de los insectos?
- ⬭ Tienen seis patas.
- ⬭ Tienen catorce patas.
- ⬭ Son muy pequeños.

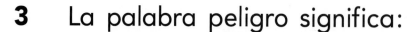

3 La palabra <u>peligro</u> significa:
- ⬭ Seguridad
- ⬭ Ayuda
- ⬭ Daño

208

PRÁCTICA DINÁMICA

Clasificar palabras

Leamos juntos

Puedes agrupar las palabras que se parecen.

Colores	Números	Cosas que se mueven
amarillo	**6** seis	camioneta
verde	**10** diez	camión

1. Haz un cuadro como este. Usa otra hoja.

Colores	Números	Cosas que se mueven

TEKS 1.6D identificar/clasificar palabras

2. Piensa en las palabras en este cuadro. Algunas palabras pertenecen al cuadro que hiciste y otras, no.

rojo	carro	autobús	uno
círculo	rosa	dos	triángulo

3. Clasifica cada palabra y escríbela en el grupo correcto en tu cuadro.

4. ¿Qué palabras sobran? ¿A qué grupo pertenecen?

¡Inténtalo!

Agrega más palabras a tu cuadro.

Ortografía

Leamos
juntos

Un sustantivo que nombra a una persona o a
un animal empieza con letra mayúscula.

Marta Zayas tiene
un gato.

Los gatos de **Kim**
se llaman **Sofía** y **Tigre.**

Un título abreviado delante del nombre
empieza con la letra mayúscula y termina con
un punto.

El **Sr.** Voss La **Sra.** Rojas
La **Srta.** Chang

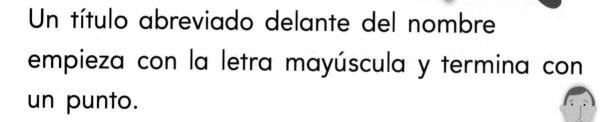

TEKS 1.21A formar letras legibles; 1.22D(i) familiarizarse con palabras que contienen una /r/ fuerte

En estas oraciones faltan las letras mayúsculas. Escribe las oraciones correctas en una hoja. Usa tu mejor caligrafía. Verifica que las letras estén formadas correctamente.

1. tim, su familia y su perro lassie van de vacaciones.

2. el sr. rojas piensa ir al mar.

3. cuando llegan, ven a la sra. solé y susan.

4. tim quiere saber dónde está el sr. solé.

5. susan le dice que está en casa con pongo, su conejo.

¡Inténtalo!

Inventa un nombre para cada persona y cada animal. Usa un título abreviado. Luego, usa estos nombres y escribe una oración sobre la ilustración en una hoja aparte.

TEKS 1.24A recopilar evidencia

Investigar

Cuando recopilas información para un informe de investigación, reúnes datos sobre tu tema de fuentes diferentes.

Puedes obtener información leyendo estas fuentes.

enciclopedias   revistas

libros de no ficción   sitios de Internet

Puedes aprender algo sobre tu tema mirando y visitando estas fuentes.

películas

programas de TV

museos

También puedes obtener información directamente de algunas personas.

escucha a un orador

entrevista a una persona

Haz tu propia investigación. Piensa en una mascota que te gustaría tener. Elige una buena fuente para saber de esa mascota. Puedes leer un libro, un cuento en una revista o un artículo en una enciclopedia. Toma notas de lo que aprendes.

Haz más investigaciones sobre esa mascota. Entrevista a un miembro de tu familia, a un amigo o a un vecino que tiene ese tipo de mascota. Haz preguntas. Anota las respuestas.

Entrevistas

Leamos
juntos

Un informe de investigación responde a preguntas sobre un tema. A veces hay expertos que saben mucho sobre el tema. Puedes reunir información para tu informe de investigación hablando sobre un tema con expertos.

Piensa en algo sobre lo que quieras saber más. Haz un cuadro como este para ayudarte a organizar tus pensamientos sobre tu tema.

Lo que sé	Preguntas que tengo

TEKS 1.24A recopilar evidencia

Ahora piensa en alguien que esté en tu casa o en la escuela que puedas entrevistar sobre tu tema para obtener más información para ayudarte cuando hables con tu experto.

Antes de la entrevista:

- Haz una lista de preguntas para hacer.

- Escríbelas cuidadosamente.

Durante la entrevista:

- Hazle al experto tus preguntas.

- Habla claro y usa oraciones completas.

- Escribe las respuestas de tu experto.

Después de la entrevista:

- Da las gracias al experto por ayudarte.

¿Cuándo construye el petirrojo su nido? ¿Cuánto tardan en salir del huevo?

217

Escribir una carta

Leamos juntos

Puedes escribir una carta para decirle a alguien cómo hacer algo. Cuando escribas la carta, asegúrate de que tiene todas las partes.

Encabezado ————————— 5 de noviembre de 2010

Salutación— Querido Hank:

Cuerpo — Hoy, abuela y yo preparamos pizza. Primero, pasamos el rodillo por la masa y la pusimos en un molde. Después, le pusimos salsa y queso. Por último, la horneamos. Estaba rica. Me habría gustado que hubieras estado aquí para comerla con nosotros.

Despedida ————————— Te quiere.

Firma ————————— Lily

TEKS 1.19B escribir cartas breves; 1.20A(vii) comprender/utilizar palabras de transición cronológica

Escribe una carta a un amigo. Dile cómo hacer o preparar algo. Asegúrate de dar las instrucciones en orden. Usa palabras como **primero, después** y **por último** para que tu escritura sea clara. Recuerda usar las cinco partes de una carta. Cuando termines, lee tu carta a un compañero.

Hacer preguntas

Leamos juntos

Haces preguntas para obtener información o saber más sobre algo. También lo haces para asegurarte de que entiendes algo. Cuando preguntas, con frecuencia viene primero una palabra interrogativa o un verbo. A menudo las palabras de la respuesta cambian de orden.

Pregunta	Respuesta
¿Cuál **es** su animal **preferido**?	Su **animal** preferido **es** una serpiente.
¿Dónde **está** el **libro**?	El **libro está** en la biblioteca.
¿**Tiene ella** un perro?	**Ella tiene** un perro.
¿**Pueden ellos** saltar?	**Ellos pueden** saltar.

TEKS 1.4B hacer preguntas/buscar clarificación/localizar hechos y detalles sobre los textos

Piensa en los sucesos en el cuento **Las manchas del leopardo**. Escribe dos preguntas sobre cosas que no entendiste. Intercambia hojas con un compañero. Escribe las respuestas a las preguntas de tu compañero.

Ortografía

Recuerda que puedes agregar la letra **s** a una palabra raíz para formar una palabra nueva.

Agrega **s** a **mancha.**

Este perro tiene una **mancha**.

Este perro tiene muchas **manchas**.

Agrega **s** a **sigue.**

Sam te **sigue**.

Tú me **sigues**.

TEKS 1.21A formar letras legibles; 1.22I familiarizarse con la creación del plural

Escribe las siguientes palabras en una hoja. Usa tu mejor caligrafía. Verifica que las letras estén formadas correctamente.

columpio	planta	pista	sombrero
roca	carrera	cuchara	bosque
palmadita	cabra	hace	base

Vuelve a escribirlas. Agrega una **s** al final.

carrera   carreras

cuchara   cucharas

Lee todas las palabras que has escrito.

¡Inténtalo!

Escribe una oración usando una palabra con **s** al final.

Reunir información

Cuando **reúnes información** para un informe de investigación, reúnes datos sobre tu tema. Puedes recopilar información de fuentes diferentes.

- libros y revistas
- películas e Internet
- personas que saben mucho sobre el tema

TEKS 1.24A recopilar evidencia

¿Cómo podrías aprender algo sobre todos los animales de tu vecindario? Trabaja con un compañero.

1. Haz una lista de todos los animales que hayas visto en tu vecindario. Escribe lo que sabes sobre ellos.

2. Piensa en personas que podrían saber algo sobre los animales en tu vecindario. Pídeles más información. Escríbela.

3. Piensa en libros o revistas que pueden darte más información. Toma nota de lo que leas.

4. ¿Hay otras fuentes de información? Úsalas para aprender todo lo que puedas sobre los animales en tu vecindario.

Caligrafía

Traza cada letra con tu dedo. Luego escribe cada letra en una hoja de papel.

Aa Bb Cc Dd

Ee Ff Gg Hh Ii

Jj Kk Ll Mm

Nn Oo Pp Qq

Rr Ss Tt Uu Vv

Ww Xx Yy Zz

TEKS 1.21A formar letras legibles

Ahora practica escribiendo las siguientes palabras. Asegúrate de que tus letras no están demasiado cercanas, ni lejanas.

insecto

jugar

mancha

bosque

canta

Escribe esta oración en tu hoja. Deja suficiente espacio entre cada palabra para que sea fácil leer tu oración.

Quiero trepar al árbol
más alto del bosque.

Reunir información

Cuando **reúnes información** para un informe de investigación, reúnes datos sobre un tema de fuentes diferentes.

Piensa en las diferentes cosas que te gustaría aprender sobre las estaciones. Luego elige un tema. Puedes usar fuentes para encontrar información sobre tu tema.

copo de nieve

invierno en mi pueblo

gota de lluvia

cuando llueve

termómetro

cuando hace calor

Piensa en las preguntas que tienes sobre tu tema. Luego decide dónde puedes encontrar respuestas a tus preguntas. Puede ser útil hacer un cuadro.

TEKS 1.24A recopilar evidencia

Preguntas	Fuentes de información	Respuestas
¿Qué estación es más calurosa?	Preguntar a la abuela. Mirar un almanaque. Llamar a la estación meteorológica.	
¿Cuánto calor hace en mi pueblo?	Mirar el periódico. Preguntar al meteorólogo local.	

Haz un cuadro.

1. En la primera columna, escribe las preguntas que tienes sobre tu tema.

2. En la segunda columna, haz una lista de fuentes que te ayudará a hallar respuestas.

3. Usa tus fuentes para obtener información.

4. En la tercera columna, escribe lo que aprendiste sobre tu tema.

Ortografía

Verbos y tiempos

Algunos verbos hablan de lo que sucede ahora.

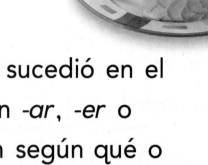

Ahora: Mis amigos **salen** a la una para la carrera.

Otros verbos hablan de lo que sucedió en el pasado. Los verbos terminan en *-ar*, *-er* o *-ir*. Esas terminaciones cambian según qué o quiénes hicieron la acción y cuándo la hicieron.

	Uno	Más de uno
-ar (tomar)	Nick tom**ó** agua.	Nick y Jan tom**aron** agua.
-er (comer)	Luz com**ió** pastel.	Luz y Flor com**ieron** pastel.
-ir (dormir)	Él durm**ió** bien.	Ellos durm**ieron** bien.

En el pasado: Mis amigos **salieron** a la una para la carrera.

TEKS 1.21A formar letras legibles; 1.22B usar patrones de sonidos silábicos para generar palabras

Lee estas oraciones. Busca verbos y escríbelos en el tiempo pasado en una hoja. Luego, con un compañero, túrnense para leer las oraciones en el pasado.

1. Venden pasteles cerca de la entrada.

2. Los corredores caminan hacia la línea de salida.

3. El público observa a los adversarios.

4. El ganador recibe un premio.

Caligrafía

Escribe cuidadosamente las oraciones en una hoja. Forma las letras con esmero. Coloca el espacio de un lápiz entre cada palabra. Coloca dos espacios de un lápiz entre las oraciones.

Los animales corrieron una gran carrera.

¿Sabes quién ganó?

Usar fuentes

Leamos juntos

Diccionarios

Un **diccionario** te ayuda a encontrar el significado de una palabra.

También te ayuda a verificar la ortografía.

C

carrera reto para ver quién es más veloz

col un vegetal

conejo animal con orejas largas

Trabaja con un compañero. Usa un diccionario para encontrar estas palabras. También puedes usarlo para ayudarte a deletrear las palabras.

TEKS **1.1F** identificar la información que proporcionan las partes de un libro; **1.6E** ordenar alfabéticamente/usar el diccionario

1. Escribe una palabra que se encuentra en el diccionario antes de la palabra **banana**.

2. Escribe una palabra que se encuentra en el diccionario después de **lluvia**.

Glosarios

Algunos libros tienen un glosario al final. Los glosarios son parecidos a diccionarios. Un glosario dice los significados de las palabras que encuentras en el libro. También muestra la ortografía correcta de una palabra.

carrera   reto para ver quién es más rápido

correr   andar rápido con los pies

Usa el glosario en este libro para encontrar tres palabras que quieras usar. Escríbelas con cuidado. Escribe oraciones usando las palabras.

Investigar

Usar una página de Contenido

Una **página de Contenido** dice el número de página en que empieza cada parte del libro. Puedes usarla para ayudarte a encontrar rápidamente información en un libro.

Contenido

Capítulo	Página
1. Animales forestales	3
2. Animales marinos	15
3. Animales desérticos	23
4. Animales del Ártico	31

TEKS 1.1F identificar la información que proporcionan las partes de un libro; **1.24B** usar los rasgos de un texto para recopilar información

Responde a estas preguntas en una hoja.

1. ¿En qué página empieza el Capítulo 1?

2. ¿Qué capítulo empieza en la página 23?

3. ¿Cuál es el título del Capítulo 2?

4. Si quieres aprender sobre los animales del Ártico, ¿a qué página irías?

¡Inténtalo!

Encuentra la página de Contenido de este libro. Señala el título del cuento que acabas de leer. Lee el título. Para volver a encontrar el cuento, ¿a qué página irías?

Publicar

Leamos
juntos

Puedes publicar tu informe en un libro de la clase.

Copia cuidadosamente tu informe. Para acompañarlo haz dibujos.

Pueden hacer un libro de la clase con todos los informes.

tiburones

Los tiburones viven en el mar. Tienen muchos dientes.

Hacer un libro

- Perforar los lados de los informes.
- Atar los informes juntos con hilo.
- Decidir el título del libro y hacer cubierta.
- Escribir el título en la cubierta.

TEKS 1.17E publicar/compartir el trabajo escrito; 1.29 seguir reglas conversacionales

Compartir

Leamos juntos

Después de que tú y tus compañeros terminen el libro de la clase, túrnense para compartirlo. Sigan las reglas para comentar.

- Mira a la persona que habla.

- Escucha con atención.

- Levanta la mano. Espera hasta que te llame para hablar.

- Cuando hables, no te apartes del tema.

- Habla claramente.

- No hables muy rápido, ni muy lento.

- Usa oraciones completas.

Animales marinos

Ortografía

Leamos juntos

Los verbos *ser* y *estar*

Las formas **es** y **son** del verbo *ser* hablan del presente. Las formas **está** y **están** del verbo *estar* también hablan del presente. Se usan **es** y **está** con un sustantivo singular. Se usan **son** y **están** con sustantivos plurales.

Uno: Ese reptil **es** muy grande.

Más de uno: Esos reptiles **son** muy grandes.

Las formas **era** y **eran** del verbo *ser* hablan del pasado. Las formas **estaba** y **estaban** del verbo *estar* también hablan del pasado. Se usan **era** y **estaba** con un sustantivo singular. Se usan **estaba** y **estaban** con sustantivos plurales.

Uno: Ayer una serpiente **estaba** en el jardín.

Más de uno: Ayer dos serpientes **estaban** en el jardín.

TEKS 1.21A formar letras legibles; 1.22B usar patrones de sonidos silábicos para generar palabras

Elije el verbo correcto. Di la oración. Luego escribe tu oración en una hoja.

1. La piel del conejo____muy suave. (es, son)

2. Las aves____en el árbol. (estaba, estaban)

3. Una hormiga____en el pastel. (está, están)

4. Las luces____de muchos colores. (era, eran)

Caligrafía

Leamos juntos

Escribe cuidadosamente las siguientes oraciones en una hoja. Forma las letras con esmero. Coloca el espacio de un lápiz entre cada palabra. Coloca dos espacios entre las oraciones.

Mi cachorro no está bien. Lo llevamos al veterinario.

Usar un índice

Leamos juntos

Un **índice** te ayuda a encontrar información en un libro. Puedes encontrar un índice en la parte final de un libro.

- Los temas están en orden alfabético.

- Los números de página están junto a cada tema.

Índice

abejas	6-7
escarabajos	5
hormigas	4
libélulas	10–14
mariposas	11
orugas	8

TEKS **1.1F** identificar la información que proporcionan las partes de un libro; **1.24B** usar los rasgos de un texto para recopilar información

Usa el índice de la página 240 para responder a estas preguntas en una hoja.

1. ¿En qué página puedes leer sobre las libélulas?

2. ¿Sobre qué aprenderás si vas a las páginas 6 y 7?

3. ¿Dónde puedes saber de las abejas?

4. Si quieres aprender sobre las orugas, ¿a qué página irías?

¡Inténtalo!

Encuentra el índice en la parte de atrás de un libro. Elige un tema que te interese. Encuentra el número de página. Luego encuentra la página en el libro y lee sobre el tema.

TEKS 1.6E ordenar alfabéticamente/usar el diccionario

Usar un diccionario Leamos juntos

Un **diccionario** ayuda a encontrar información y te dice el significado de las palabras.

Las palabras en el diccionario están en orden alfabético.

C

col un vegetal

conejo animal de orejas largas

cuerda soga fina y fuerte

S

saco bolsa

sierra herramienta para cortar madera

TEKS **1.6E** ordenar alfabéticamente/usar el diccionario; **1.24B** usar los rasgos de un texto para recopilar información

En un diccionario, ¿bajo qué letra se encuentra cada una de estas palabras?

1.    tortuga

2.    globo

3.    paraguas

4.   lápiz

tortuga animal de cuerpo blando y caparazón duro

243

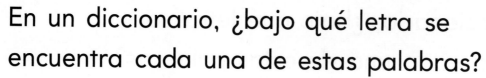

En un diccionario, ¿bajo qué letra se encuentra cada una de estas palabras?

5.  rey

6.  tambor

 ¡Inténtalo!

Trabaja con un compañero. Elige una palabra y búscala en un diccionario. Lean juntos el significado.

 **cebra** animal que tiene rayas blancas y negras.

Palabras que quiero saber

Unidad 3 Palabras de uso frecuente

⑪ **Animales marinos**

habitan	color
frío	agua
mar	pequeños
azul	donde

⑭ **La gran carrera**

preparados	cuatro
tres	hoy
público	línea
sitio	sobre

⑫ **Las manchas del leopardo**

sol	pintar
claro	feliz
son	tengo
luego	bailan

⑮ **Cinco grupos de animales**

nido	se parecen
vuelan	huevo
piel	cuerpo
necesarias	grupos

⑬ **Las estaciones**

todavía	llueve
bueno	izquierda
invierno	primavera
cuál	resbala

Glosario

A

adversarios

Los **adversarios** son los contrarios. Los **adversarios** no ganan la carrera.

aletas

Los peces tienen **aletas** en lugar de brazos. Las **aletas** sirven para nadar.

anfibios

Los **anfibios** son los animales que viven en la tierra y en el agua. Las ranas son **anfibios**.

C

cebra

Una **cebra** es un animal parecido a un caballo con rayas negras y blancas. La **cebra** corre muy rápido.

correcaminos

Un **correcaminos** es un pájaro que corre mucho. El **correcaminos** vive en el desierto.

cría

Cría se usa para describir a un animal bebé. La **cría** va detrás de la mamá.

culebra

Una **culebra** es un animal largo y delgado que se arrastra. Esa **culebra** me da miedo.

E

escuela

La **escuela** es donde vamos a aprender.
Yo voy a la **escuela** secundaria.

estrella

Una **estrella** es una luz en el cielo.
La **estrella** brilla toda la noche.
Las estrellas de mar tienen forma
de estrella, por eso se llaman así.

estudiar

Estudiar es lo que hacemos
para aprender. Vamos a la
escuela a **estudiar**.

G

gran

Gran se usa para decir que algo es grande. Mi abuelo tiene un **gran** bigote.

grandes

Grandes se refiere al tamaño de las cosas. Los océanos son **grandes**.

guantes

Los **guantes** los usamos en las manos para protegernos. Mis **guantes** son de lana.

H

hiena

Una **hiena** es un animal que vive en la selva y come las sobras de lo que cazan los otros. La **hiena** tiene una risa fea.

hojas

Las **hojas** son la parte verde de los árboles. Las **hojas** se caen en otoño.

J

jirafa

Una **jirafa** es un animal con un cuello muy largo y con manchas.
La **jirafa** es muy alta.

L

leones

Los **leones** son animales salvajes con melenas grandes
que cazan a otros animales. Los **leones** viven en la selva.
Los leones marinos son unos mamíferos parecidos a las
focas, pero se les llama leones por su grueso cuello y
por la melena que los caracteriza.

leopardo

Un **leopardo** es un animal salvaje que tiene manchas y
corre muy rápido. El **leopardo** caza por la noche.

M

manchas

Las **manchas** son partes oscuras en la piel de las
personas o los animales. Mi perrito tiene **manchas**
negras.

O

obstáculo

Un **obstáculo** es algo que está en el camino y no deja
seguir. Ese árbol caído es un **obstáculo** en el camino.

P

paraguas

Un **paraguas** se usa para no mojarse con la lluvia. Tú
llevas tu **paraguas** en el otoño.

pingüinos

Los **pingüinos** son pájaros
que viven en el polo sur.
Los **pingüinos** no pueden volar.

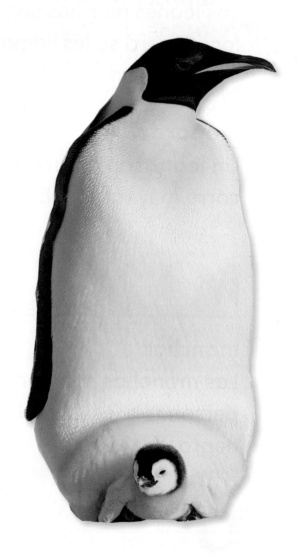

plumas

Las **plumas** son lo que cubre el cuerpo de los pájaros.
Las **plumas** del loro son verdes.

pradera

Una **pradera** es un campo grande.
Los leones toman una siesta en
medio de la **pradera**.

R

rayas

Las **rayas** son manchas alargadas. Ese pijama tiene **rayas**.

renacuajo

Un **renacuajo** es un animal que cuando crece se convierte en rana. El **renacuajo** nada en el estanque.

reptiles

Los **reptiles** son los animales que se arrastran por el suelo. Las lagartijas son **reptiles**.

T

tortuga

Una **tortuga** es un animal que tiene caparazón y camina lentamente. Hay un tipo de **tortuga** que vive en el mar.

tropieza

Tropieza se usa para decir que alguien encuentra un obstáculo y pierde el equilibrio. El gato se **tropieza** con la alfombra.

V

vacaciones

Las **vacaciones** son cuando no tenemos que ir a la escuela. En **vacaciones** mi familia sale de paseo.

Acknowledgments

"Spring Song" from *Seasons: A Book of Poems* by Charlotte Zolotow. Copyright © 2002 by Charlotte Zolotow. Reprinted by permission of HarperCollins Publishers.

Credits

91 Spread (c)J.A. Kraulis/Masterfile; 92 Spread (c)2007 Masterfile Corporation; 94 (c) (c)Bill Leaman/Dembinsky Photo; 95 full page (c) Richard Hutchings/Photo Edit; 96 Spread (c)2007 Jupiterimages ; 98 full page (c)Masterfile; 99 (t) (c)2007 Masterfile Corporation; 100 Spread (c)2007 Masterfile Corporation; 102 fullpage (c)Garry Black/Masterile; 103 (t) (c)2007 PunchStock; 104 Spread (c)Tim Pannell/Corbis; 106 (c) (c)George McCarthy/naturepl.com; 107 full page (c)2007 PunchStock; 108 (t) (c)2007 PunchStock; (ct) (c)Richard Hutchings/Photo Edit; (cb) (c)BrandX; (b) (c)2007 PunchStock; 118 (c)Darrell Gulin/CORBIS; 118 (c)Ariel Skelley/ Corbis; 119 (c)Willy Matheisl/Alamy; 120-121 (c)Hans Reinhard/zefa/Corbis; 123 (c)Darrell Gulin/Corbis; 125 HMCo; 126 (t) (c)ARCO/H Reinhard; 126 (b) (c) John Foxx/Stockbyte/Getty Images; 127 (tl) (c)Danita Delimont/Alamy; (tr) (c)Larry Brownstein/Photodisc; (cl) (c)Photos. com; (cr) (c)Jonathan Blair/CORBIS; (bl) (c)QT Luong/Terragalleria; (br) (c)franzfoto.com/Alamy; 128 (c)Don Mason/CORBIS; 129 HMCo; 130 (c)Courtesy of Viviana Garafoli; 131 (c)Courtesy of Pam Munoz; 150-151 (c) Juniors Bildarchiv / Alamy; 152 (c) Eastcott Momatiuk / Getty Images; 153 (c) C.C. Lockwood, / Animals Animals; 154 (c) W. Perry Conway / CORBIS; 155 (c) Victoria McCormick, / Animals Animals; 156-157 (c) Jack Wilburn / Animals Animals; 158-159 (c)Associated Press; 159 (c)David Cannon/Getty Images Sport/ Getty Images; 159 (c)Tony Duffy/AFP/Getty Images; 160 (c)2007 The Associated Press; 161 (c)Artville; 163 (c)Patrik Giardino/CORBIS; 164 (c)Stockdisk; 166 (b) (c)BRIAN ELLIOTT/ Alamy; 167 (tl) (c)Patricio Robles Gil/Sierra Madre/Minden Pictures/Getty Images; 167 (tr) (c) John W. Banagan/Photographer's Choice/Getty Images; 167 (cl) (c)Andy Thompson/Alamy; 167 (cr) (c)Raymond Gehman/National Geographic/ Getty Images; 167 (bl) (c)Georgette Douwma/ Photographer's Choice RR/Getty Images; 167 (br) (c)Georgette Douwma/Photographer's Choice RR/ Getty Images;

168 (l) (c)1996 PhotoDisc, Inc. All rights reserved. Images provided by (c) 1996 CMCD; (r (c) 1996 PhotoDisc, Inc. All rights reserved. Images provided by (c) 1996 CMCD; (cr) (c)iStock; 168 (cl) (c)Stockbyte/Fotosearch; 169 HMCo; 170 (c)Courtesy of Jim Bruchac; 171 (c)Bela Baliko; 172 (bl) L15 Animal Groups; (tl) (c)Georgette Douwma/Getty Images; (cr) (c)Rene Krekels/ Foto Natura/Minden Pictures; 173 (t) (c)Gail Shumway/Getty Images; (b) (c)Darell Gulin/ Getty Images; 174-175 (c)Fred Bavendam/Getty Images; 176 (c)Jeffrey L. Rotman/CORBIS; 177 (b) (c)blickwinkell/Alamy; 177 (inset) (c)Heidi & Hans-Jurgen Koch/Minden Pictures; 178 (b) (c)Stephen Frink/Getty Images; (inset) (c)Kevin Schafer/CORBIS; 179 (c)PhotoLink; 180 (c) Yanik Chauvin/Shutterstock; 181 (bg) (c)Michael & Patricia Fogden/Getty Images; (inset) (c) Michael & Patricia Fogden/Getty Images; 182 (c) Masterfile; 183 (tl) (c)Darren Bennett/Animals Animals - Earth Scenes; (tr) (c)John Giustina/ Getty Images; (b) (c)Martin Harvey/CORBIS; 184 (c)VCL/Getty Images; 185 (c)Dave King/Dorling Kindersley; 186 (c)Karen Su/Getty Images; 187 (inset) (c)Alan D. Carey/PhotoDisc; (b) (c)Tom Bean/CORBIS; 188-189 (c)Masterfile; 189 (inset) (c)Bela Baliko; 201 (c)PhotoLink; 202 (tl) (c)Daly & Newton/Getty; (tr) (c)1996 PhotoDisc; (b) (c) Steven Puetzer/Getty Images; 203 (c)Comstock.

Illustration
Cover Jimmy Pickering; 12 Ken Bowser; 32–39 Joe Cepeda; 41 Robert Schuster; 47 Sally Vitsky; 50 Robin Boyer; 52–68 Gerald McDermott; 70–77 Randy Cecil; 79 Patrick Gnan; 80 Gary Antonetti; 82 Bernard Adnet; 85 Sally Vitsky; 110–117 Barry Gott; 112 Bernard Adnet; 125 Jan Bryan-Hunt; 128 Bernard Adnet; 130–148 Viviana Garafoli; 162 Bernard Adnet; 165 Ken Bowser; 190–197 Dave Klug; 198–200 Lynne Chapman; 205 Jan Bryan-Hunt; 206 Sally Vitsky; 210–230 Shirley Beckes.

All other photos Houghton Mifflin Harcourt Photo Libraries and Photographers.